Berger, Ulrike
   El taller de las fuerzas / Ulrike Berger ; traductor Marta
Kovacsics ; ilustraciones Detlef Kersten. -- Bogotá :
Panamericana Editorial, 2008.
   48 p. : il. ; 24 cm.
   ISBN 978-958-30-2815-1
Fuerza y energía - Experimentos - Enseñanza elemental 2. Física
- Experimentos - Enseñanza elemental 3. Ciencia recreativa I.
Kovacsics, Marta, tr. II. Kersten, Detlef, 1948-   , il. III. Tít.
I531.6 cd 21 ed.
A1155235

   CEP-Banco de la República-Biblioteca Luis Ángel Arango

Primera edición en Panamericana Editorial Ltda., abril de 2008

©Panamericana Editorial Ltda.
Dirección editorial: Conrado Zuluaga
Edición en español: César A. Cardozo Tovar
Traducción: Marta Kovacsics
Calle 12 No 34-20 Tels.: 3603077-2770100/Fax: (57 1) 2373805
panaedit@panamericana.com.co
Bogotá D.C., Colombia

ISBN: 978-958-30-2815-1

© 2004 Family Media GmbH & Co. KG, Freiburg i. Br.
Título original: Die Kräfte-Werkstatt

Texto y redacción: Ulrike Berger
Ilustraciones: Detlef Kersten
Foto de carátula: Christoph Schmotz
Fotos: Christoph Schmotz (9, 11, 13, 15, 17, 19, 21, 23, 25, 27, 29, 31, 33, 35, 37, 39, 41, 43, 45)
Otras fotos: arco (22, 38); dpa (10, 12, 16, 18, 20, 34, 36, 42); Katja Foggin (40); NASA (30); Ulrich Niehoff (14); NOVA (26); Michael Rhode (8, 28); reinhard Wilde (24)

Todos los derechos reservados.
Prohibida su reproducción total o parcial,
por cualquier medio, sin permiso del Editor.

Impreso por Panamericana Formas e Impresos S.A.
Calle 65 No. 95-28 Tels.: 4302110-4300355. Fax: (57 1) 2763008
Bogotá D.C., Colombia
Quien sólo actúa como impresor.

Impreso en Colombia   Printed in Colombia

El taller de las fuerzas

Divertidos experimentos con la fuerza y el equilibrio

Contenido

Desafío al péndulo	8	Para atrás y para adelante	28
Una moneda perezosa	10	Un cohete loco	30
Potencia a través del agua	12	Con una larga palanca	32
La famosa prueba del huevo	14	El agua patas arriba	34
Los tenedores imposibles	16	El payaso acróbata	36
El dominguillo	18	Un motor de agua	38
La caja sorpresa	20	A rodar	40
Huevos potentes	22	Papel a prueba de cortes	42
La fuerza del arco	24	Hala y huye	44
Un concurso de caídas	26		

Las maravillas del mundo

Muchos y divertidos experimentos sobre la fuerza de la gravedad, la fuerza centrífuga y el equilibrio te esperan en este libro.

Puedes hacer algunos de los experimentos solo; otros son más fáciles de realizar si cuentas con la ayuda de alguien.

Y si un experimento no resulta en el primer intento, ¡no pierdas el entusiasmo! Simplemente sigue intentando hasta que resulte. Los investigadores necesitan mucha paciencia. Pero vale la pena, porque con cada experimento podrás entender mejor las grandes maravillas de este mundo.

Desafío al péndulo

Necesitas:
- Una pelota amarrada a una cuerda

Fija la cuerda (por ejemplo con un clavo) al techo o a la parte de arriba del marco de la puerta, de manera que la pelota pueda balancearse libremente. Hálala hacia ti; si es posible, recuesta tu cabeza en la pared y luego sostén la pelota justo delante de tu nariz y suéltala; no te muevas, ¡porque nada te puede pasar!

¿Qué sucede?
La pelota obviamente se devuelve, pero como es frenada un poco por el aire que atraviesa nunca puede devolverse hasta tu nariz. La culpa la tiene la resistencia del aire.

Pedalear contra el viento

Montar en bicicleta puede ser agotador, sobre todo si hay viento de frente. ¡A veces se siente como si no se avanzara! Existe una regla válida cuando se monta en bicicleta: la mayoría de la fuerza (más de la mitad) la necesitas para vencer la resistencia del viento.

Una moneda perezosa

Necesitas:
- Un vaso
- Un naipe
- Una moneda

Pon el naipe con la moneda encima, sobre el vaso. ¿Puedes dejar caer la moneda en el vaso, sin tocarla? Sólo tienes que quitar el naipe muy rápido, de un solo halón.

¿Qué sucede?
Al quitar el naipe muy rápido y de un solo halón, la moneda no se afecta con ese movimiento. La moneda es "perezosa", es decir, estamos hablando de la inercia. Entonces, la moneda necesita un "tiempito" para ponerse en movimiento. Pero cuando eso sucede ya es muy tarde, porque ya no está el naipe, y la moneda inevitablemente cae en el fondo del vaso.

¡A sujetarse!

Todos los cuerpos son perezosos, eso lo descubrió el científico Isaac Newton. Por eso te vas para atrás cuando el bus arranca. Es muy importante que te sujetes bien en los buses.

¡Voy a ver si el truco también funciona con la abuelita!

Potencia a través del agua

Necesitas:
- Un pedazo de manguera
- Dos globos
- Dos botellas de plástico
- Dos frascos con tapa

Abre en cada una de las botellas un agujero abajo y córtales el cuello. Inserta la manguera en uno de los globos y llena el globo y la manguera con agua. Ahora, pon el globo en la botella, pasa la manguera por el agujero, llévala hasta el otro globo, llénalo también con agua y colócalo en la otra botella. Ahora pon cada uno de los frascos sobre cada uno de los globos. Presiona uno de los frascos.

¿Qué sucede?
El agua pasa a través de la manguera hasta el otro globo, logrando que el frasco suba.

La hidráulica

Las excavadoras trabajan con un sistema hidráulico similar al del experimento, sólo que no se utiliza agua sino otra clase de líquidos. En una parte de la excavadora, una especie de jeringa ejerce presión sobre el líquido. Este es bombeado a través de los brazos hasta la pala y así puede mover grandes cantidades de tierra.

La famosa prueba del huevo

Necesitas:
- Un huevo crudo
- Un huevo cocido

¿Cómo puedes saber cuál es el huevo cocido y cuál el crudo? Coloca ambos huevos sobre la mesa y gíralos al tiempo y suavemente.

¿Qué sucede?

El huevo cocido se mueve inmediatamente. El huevo crudo necesita algún tiempo para ponerse en movimiento, ya que la clara de huevo está en inercia y al comienzo no se mueve. El huevo crudo gira un poco y muy pronto se detiene.

¿Por qué te mareas?

El sistema de equilibrio del ser humano está en su oído. Ahí se encuentran unas mangueritas en forma de anillos, llenas de agua. Si giras con fuerza, ese líquido se impulsa. Al parar, el líquido sigue moviéndose, por tanto tu oído aún te está dando la señal de que "algo se mueve", pero tus ojos te dicen: "Ya todo está quieto". La consecuencia de este caos: te mareas.

Los tenedores imposibles

Necesitas:
- Dos tenedores
- Una moneda
- Un vaso

Inserta la moneda entre los dos tenedores. Luego pones, con mucho cuidado, esta construcción sobre el borde del vaso. Necesitas un pulso muy firme para esto.

¿Qué sucede?
Uno no lo cree, pero los tenedores y la moneda ¡cuelgan al lado del vaso! Esto ocurre porque el centro de gravedad de la construcción se encuentra ubicado en una mínima parte de la moneda, la que está sobre el borde del vaso.

Los acróbatas

La "escalera al cielo" es un número artístico del Circo Chino. Pero, ¿por qué no se cae esa escalera? El truco está en que todos los artistas y sus sillas están ubicados de manera que el centro de gravedad se encuentre justo en la mitad de la mesa.

¿Todavía están ensayando su número de acrobacia?

El dominguillo

Necesitas:
- Globos
- Cartulina de colores

Corta la cartulina en forma de unos pies gigantes. Abre en una de las puntas un agujero. Ahora infla el globo; cuando lo hagas, inserta la boquilla en el hueco de la cartulina. Ahora tira el globo hacia arriba.

¿Qué sucede?
Así el globo dé varios saltos, siempre quedará de pie en el piso (gracias a los pies gigantes), porque la parte más pesada del globo siempre halará hacia abajo.

¡Siempre más abajo!

En los carros, en especial los de la Fórmula 1, debe tenerse en cuenta que el centro de gravedad se encuentre bien abajo. Cuanto más abajo esté la parte más pesada del carro, menos peligro hay de que este se vuelque en las curvas, sobre todo considerando la velocidad de estos carros.

Realmente va más rápido, pero en cada curva se voltea...

La caja sorpresa

Necesitas:
- Una caja con tapa
- Monedas

Coloca en uno de los lados de la caja las monedas bien amontonadas y ordenadas, y luego tápala. Pon la caja sobre el borde de la mesa y empújala lo más lejos posible. ¿Qué tan lejos del borde puedes llegar a situar la caja sin que se caiga?

¿Qué sucede?
El centro de gravedad de la caja está desplazado debido a las monedas. Por tanto, la caja puede correrse muy lejos del borde.

Una grúa potente

¿Cierto que conoces esas grandes placas de concreto que cuelgan de la otra punta de una grúa? Estas placas se encargan de que el centro de gravedad se encuentre justo detrás de la cabina de mando. Por eso, cuando la grúa tiene que alzar una carga muy pesada no se voltea.

Huevos potentes

Necesitas:
- Varias cáscaras de huevo, partidas por la mitad
- Libros

Arregla las cáscaras de manera que los bordes queden lisos y parejos. Luego, ponlas con el borde hacia abajo sobre la mesa. Ahora colócales los libros encima. ¿Cuántos libros puedes ponerles encima, sin que las cáscaras se rompan?

¿Qué sucede?
Es increíble la cantidad de libros que puedes poner encima de las cáscaras. ¡Son muy fuertes! Pero apenas pinches una cáscara desde adentro, esta se rompe de inmediato.

Pues realmente no sé si está petrificada o no, pero yo sí oí piar...

Una casa segura

Cuando una gallina pone huevos, estos no se rompen ni muy rápido ni muy fácil. La gallina tiene que empollarlos y los huevos deben aguantar el peso de su madre. Sin embargo, es muy sencillo cuando el polluelo debe salir, porque desde adentro la cáscara se rompe fácilmente.

La fuerza del arco

Necesitas:
- Varios pliegos de papel de color
- Varios libros
- Un carrito de juguete o colección

Arma dos pilas de libros y entre estos coloca un cuarto de pliego de papel de color. Luego intenta poner el carrito encima del papel. El "puente" se desploma de inmediato. El siguiente paso es doblar otro papel como un arco y ubicarlo entre las pilas de libros y el puente de papel. Ahora intenta poner de nuevo el carrito encima.

¿Qué sucede?
El puente sólo alcanza a doblarse un poco, pero queda incólume. Esta es una ley de la estática: el peso del juguete se reparte sobre el arco y se dirige inmediatamente hacia los lados.

Arcos fuertes

Mira bien las catedrales góticas. A veces parecería que las hermosas ventanas tuvieran que soportar el peso de las paredes. Claro que eso es una gran equivocación, porque esos grandes arcos dirigen todo el peso alrededor de las ventanas, hacia las columnas.

Apreciado señor, usted sostuvo los planos al revés...

Un concurso de caídas

Necesitas:
- Un papel arrugado con forma de pelota
- Un papel menos arrugado
- Dos pelotas de pimpón
- Una jeringa

Llena una pelota con agua con la jeringa. Luego, párate sobre una silla, de manera que el frente quede libre; luego, otra persona hace lo mismo. Uno toma los papeles arrugados y el otro, las pelotas. Ambos sueltan los objetos al tiempo y miran cuál llega primero y cuál último.

¿Qué sucede?
Todos los objetos caen igual de rápido, no importa lo pesados que sean, siempre y cuando no haya aire en el cuarto. El papel es frenado por el aire, sobre todo el que no está tan arrugado. En cuanto a las pelotas, estas llegan casi al tiempo, a pesar de que una sea más pesada que la otra.

La resistencia del aire

Los que vuelan en parapente aprovechan la resistencia del aire. Si la persona no usara parapente caería rápidamente al piso. La gran resistencia del aire generada por el parapente frena la caída, y hace que se deslice lentamente hacia el piso.

Para atrás y para adelante

Necesitas:
- Una locomotora con un motor eléctrico
- Unos rieles
- Tres lápices de colores

Pon los rieles sobre los lápices de colores, como ves en la foto. Ahora prende la locomotora.

¿Qué sucede?
La locomotora casi no arranca, pero los rieles ¡se fueron hacia atrás! "Cada movimiento trae consigo un movimiento contrario". Es una ley de la física.

Los tornillos seguros

Alguna vez te has preguntado, ¿por qué los rieles están tan anclados en la tierra? Este experimento que acabamos de hacer debería darte la respuesta: ¡Si no lo estuvieran se irían hacia atrás!

Un cohete loco

Necesitas:
- Un globo
- Un pitillo
- Cinta pegante
- Una cuerda

Pasa la cuerda por el pitillo y amarra una de las puntas a la manija de una puerta. Luego infla el globo pero sin hacerle un nudo, y sin soltarlo pégalo con la cinta pegante al pitillo. Ahora debes sujetar la cuerda y soltar el globo.

¿Qué sucede?
El aire sale hacia atrás y por el movimiento contrario (acuérdate del experimento con la locomotora), el globo sale hacia adelante.

La propulsión desconocida de un cohete

Muchas personas piensan que el cohete despega porque se impulsa desde el piso. Sin embargo, están equivocados; el cohete vuela por la fuerza que opera en la explosión. Como prueba, los cohetes vuelan hasta en espacios sin aire, por eso se pueden prender en el espacio.

¿Nos vamos a pie o tomamos el globo?

30

Con una larga palanca

Necesitas:
- Una regla larga
- Un marcador
- Una pesa o algún objeto

Coloca la regla sobre el marcador de manera que una de sus puntas (de la regla) quede más salida que la otra (ver foto, página opuesta, arriba). Pon una pesa sobre el lado largo de la regla y trata de hundir el otro lado. Ahora cambia de lugar la pesa y trata de hundir el lado corto.

¿Qué sucede?

Cuando la pesa se encuentra en el lado largo es muy difícil bajar la regla. Cuando es al revés, es decir, la pesa está en el lado corto ¡es muy fácil!

El secreto del balancín

Seguramente conoces este principio de los balancines en los parques. Si estás sentado con un adulto, realmente no funciona bien, pero si el adulto se pone hacia la mitad del balancín, entonces sí pueden balancearse, porque ahí te encuentras en la parte más larga.

Pues obvio, no ves que él está sentado en la parte más larga...

El agua patas arriba

Necesitas:
- Un balde con manija

Echa un poco de agua en el balde, luego comienza a darle vueltas muy pero muy rápido. ¡Este experimento sólo se puede hacer fuera de casa!

¿Qué sucede?
Si el balde es girado (centrifugándolo) muy rápido, entonces el agua no se sale del balde. La fuerza centrífuga hala el agua y el balde lejos de ti.

¿Por qué no nos caemos de las montañas rusas?

La velocidad de las montañas rusas nos presiona a nuestros asientos. Cuanto más rápido corran los vagones, mayor es la fuerza centrífuga, y esta fuerza es más grande que la fuerza gravitacional de la Tierra. Por eso no nos caemos de los vagones.

El payaso acróbata

Necesitas:
- Un payaso de papel
- Dos monedas
- Una cuerda

Elabora un payaso de papel, así como lo ves en la foto. Pégale dos monedas en las manos y luego ponlo sobre la cuerda entre los brazos y la quijada.

¿Qué sucede?
¡El payaso no se cae!, hasta puedes dejarlo "brincar" a través de la cuerda, teniéndola con una leve inclinación hacia abajo. El centro de gravedad del payaso está muy por debajo de la cuerda, ¡precisamente en sus manos!

¿Por qué los acróbatas tienen siempre una vara en las manos?

Todos los artistas que trabajan en las cuerdas tienen una vara en las manos. Así, ellos pueden trasladar su centro de gravedad hacia más abajo y repartir el peso hacia los lados. Eso les da, a su vez, más estabilidad en la cuerda. Lo mismo sucede cuando sacas los brazos para buscar equilibrio.

Este número de acrobacia parecería dificilísimo, pero en realidad es sencillo.

Un motor de agua

Necesitas:
- Un vaso vacío de yogur
- Dos pitillos que puedan doblarse
- Una cuerda
- Pegante

Haz dos agujeros en la parte baja del vaso de yogur. Recorta los segmentos articulados de los pitillos e introdúcelos en los agujeros. Sella los agujeros con pegante. Amarra el vaso con la cuerda a una llave de agua y abre la llave.

¿Qué sucede?
El agua que sale por los pitillos los empuja en la dirección opuesta. ¡Y el vaso empieza a girar!

El volante

El pulpo tiene en su cuerpo una cavidad que está llena de agua. Al presionar esta cavidad, el agua sale disparada por un pequeño agujero. Ese pequeño agujero puede girar hacia cualquier lado, lo que permite al pulpo maniobrar la dirección.

A rodar

Necesitas:
- Un libro
- Lápices
- Un caucho
- Cinta pegante

Pega el caucho sobre uno de los extremos del libro e intenta halar el libro a lo largo de la mesa. ¿Funciona? ¿El caucho se rompe? Ahora pon los lápices debajo del libro e intenta de nuevo. ¿Cuánto se estira el caucho?

¿Qué sucede?
Si el libro se encuentra directamente sobre la mesa, la fricción entre el libro y la mesa frena el movimiento. Al poner los lápices debajo del libro, ya casi no hay fricción y por tanto es muy fácil halarlo.

¿Por qué rueda la bicicleta?

Una mala bicicleta necesita mucha fuerza en los pedales. En cambio, una buena bicicleta es fácil de pedalear. Esto se puede atribuir a los rodamientos, ahí donde están puestos los pedales. Si el rodamiento no tiene ninguna clase de fricciones, entonces pedalear es ¡una dicha!

DONALD DUCK
50 JAHRE UND KEIN BISSCHEN LEISE
WALT DISNEY
Unipart

DONALD DUCK
50 JAHRE UND KEIN BISSCHEN LEISE
WALT DISNEY
Unipart

Papel a prueba de cortes

Necesitas:
- Una papa
- Un cuchillo
- Una hoja de papel

Pliega el papel alrededor del borde filudo del cuchillo; luego pon el cuchillo con el papel sobre la papa y córtala presionando.

¿Qué sucede?
La presión del filo es traspasada del papel a la papa. Esta cede porque es más blanda que el papel: así la papa se corta y el papel queda intacto.

El clavo en la pared

Sólo puedes clavar un clavo en una pared, si el clavo es más duro que la pared. Todos conocemos lo que sucede cuando la pared es de concreto: el clavo no puede entrar ni medio milímetro y, en cambio, se vuelve como un "gusanito tambaleante".

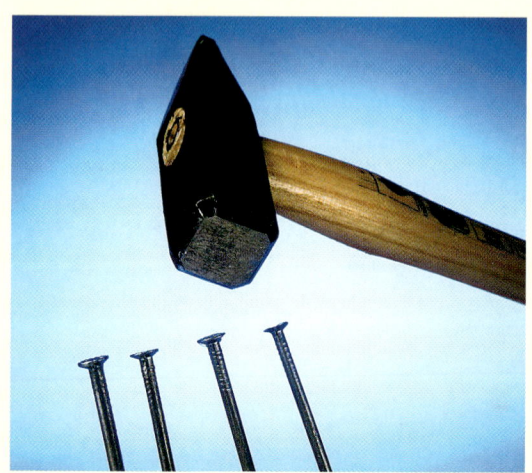

Hala y huye

Necesitas:
- Un vaso vacío de yogur con canicas
- Dos anillos de cartón de una cinta pegante
- Una cuerda

Amarra la cuerda al vaso de yogur. Pasa la cuerda restante por uno de los anillos y luego amarra el segundo anillo a la punta de la cuerda. Ahora coloca el vaso sobre la mesa, toma el primer anillo en la mano y comienza a girar el segundo cada vez más rápido.

¿Qué sucede?
El segundo anillo, es decir, el que está girando, quiere irse cada vez más lejos y hala lentamente el frasco hacia arriba. Si todo está en un punto de equilibrio absoluto, el anillo gira tan fuerte que el frasco logra elevarse.

Nuestro sistema solar

Los planetas giran a grandes velocidades alrededor del Sol y al mismo tiempo son atraídos por el Sol. Todo el sistema se encuentra en pleno equilibrio. Los planetas giran tan rápido que no pueden ser atraídos por el Sol, pero, al mismo tiempo, controlan su velocidad para no ser lanzados por fuera del sistema solar.

¡Mamá! ¡Daniel me está dañando todo mi sistema planetario!

44

HHILX   + SP
531
.6
B

BERGER, ULRIKE.
EL TALLER DE LAS
FUERZAS
HILLENDAHL
08/09

DISCARD